DISCOURS

SUR

LA VIE ET LES OUVRAGES

DE JACQUES-AUGUSTE DE THOU.

DE L'IMPRIMERIE DE FIRMIN DIDOT,

IMPRIMEUR DU ROI ET DE L'INSTITUT, RUE JACOB, N° 24.

DISCOURS

SUR

LA VIE ET LES OUVRAGES

DU PRÉSIDENT

JACQUES-AUGUSTE DE THOU,

Par M. B. GUÉRARD,

ATTACHÉ A LA SECTION DES MANUSCRITS DE LA BIBLIOTHÈQUE
DU ROI.

Ce Discours a obtenu la première mention honorable à l'Académie
française.

———————

PARIS,

Chez L'HEUREUX, libraire, quai des Augustins, n° 37.

1824.

DISCOURS

SUR

LA VIE ET LES OUVRAGES

DU PRÉSIDENT

JACQUES-AUGUSTE DE THOU.

Tibi me virtus tua fecit amicum.

(HORAT.)

DANS un temps de préjugés et de troubles, lorsque les fondements de la société sont ébranlés, que l'histoire se nourrit de désordres et de crimes, le plus beau spectacle qui puisse s'offrir à nos yeux, est celui d'un homme qui, se montrant inaccessible aux doctrines comme aux passions qui l'assiégent, s'élève par son génie aux préceptes les plus sages de la politique et de la morale, et marche avec sa conscience dans le sentier du devoir et de la vertu. Tel fut le président Jacques-Auguste de Thou. Supérieur à son siècle, il fit entendre au milieu du fanatisme le langage aussi pur que nouveau de la philosophie : il éclaira et embellit la religion de ses pères, en la conservant dans toute sa pureté ; et, portant dans ses écrits les sentiments qu'il trouvait dans son cœur, il recommanda de tous ses efforts l'union, la paix et l'amour de l'humanité. L'histoire qu'il nous a donnée de ses contemporains, digne des écrivains de l'antiquité, dont il emprunte le langage, est un modèle de franchise, de raison et de modération. Sans ménagement pour les factieux ou pour les méchants, il dévoile, il attaque hardiment le vice où il le trouve ; mais s'agit-il de simples erreurs, plein de douceur et de bienveillance pour les hommes, il les plaint sans les haïr, il respecte leurs opinions, et les juge, non d'après ce qu'ils ont pensé, mais d'après ce qu'ils ont fait. Sa vie est belle comme ses ouvrages. La France n'eut pas de meilleur citoyen, ni le roi de sujet plus fidèle. Invariablement attaché aux principes éternels de la monarchie, il sacrifia sa fortune et son repos au rétablissement des lois et de l'ordre public. Les services qu'il a rendus à son pays sont, il est vrai, moins éclatants qu'utiles ; son amour pour l'étude et sa modestie l'ont empêché de se montrer sur la scène politique au premier rang ; mais si les grands événements et les grandes actions excitent notre admiration et notre surprise, la droiture et le dévouement du sage enlèvent notre amour et notre reconnaissance.

La postérité n'a fait que consacrer et accroître
la haute réputation que le président de Thou a
obtenue dès son vivant; elle l'a placé parmi les
personnages les plus remarquables de toutes les
époques; et sa voix publiera à jamais les louanges d'un grand homme, d'un homme de génie et
de vertu, qui a attiré autant d'estime aux lettres
par l'étendue de ses connaissances et la supériorité de sa raison, qu'il a fait d'honneur à l'humanité par l'élévation de son caractère et la pureté
de sa conduite.

PREMIÈRE PARTIE.

C'est un bel héritage qu'un nom illustre : celui
qui le recueille est environné dès sa naissance de
la bienveillance des hommes, et possède déjà des
titres à leur considération. De Thou reçut de ses
ancêtres ce glorieux patrimoine. Son père, magistrat éclairé et incorruptible, *dont la vie est
belle et honorable, et la fin comme la vie* (1),
sut garder la soumission et le respect qu'il devait à l'autorité royale, et conserver aux fonctions
éminentes dont il fut revêtu leur indépendance
et leur dignité. Le luxe effréné qui ruinait les
grands ne put pénétrer dans sa famille; elle

---

(1) Pasquier.

donna toujours l'exemple d'une simplicité de
mœurs et d'une intégrité devenues rares dans un
siècle non poli encore, mais déjà corrompu. C'est
au milieu d'elle que le jeune de Thou respira
dès sa naissance l'amour de toutes les vertus. Là
il n'entendit jamais les maximes perverses d'une
cour licencieuse; son éducation fut austère et
dirigée uniquement vers le bien public : on lui
enseigna, comme aux temps antiques, à être juste
et à aimer sa patrie.

Après avoir étudié au collége de Bourgogne et
au Collége-Royal, il renonce aux plaisirs de son
âge, se livre avec ardeur à la lecture des auteurs
anciens; et, ne se bornant point à les connaître,
il songe déjà à les imiter. Mais ses progrès lents
et pénibles, sa complexion fragile et sa mémoire
ingrate, le forcent de recourir à un autre mode
d'instruction plus prompt et plus commode : il
recherche la société des hommes célèbres dans
les lettres, il prend part à leurs entretiens, et,
semblable à ces anciens disciples de la Grèce, il
acquiert la science en conversant familièrement
avec ses maîtres.

L'Europe possédait alors une réunion de savants nés pour illustrer leur siècle, et lui faire
pardonner ses fréquents écarts dans la scolastique.
Si de vaines disputes agitent l'école, les génies
de l'antiquité rencontrent des interprètes dignes

d'eux; la littérature des Grecs et des Romains, leur histoire, leur philosophie, se dépouillent, sous des mains habiles, de la rouille des temps; elles se reproduisent dans tout leur éclat, dans toute leur pureté, et apparaissent ce qu'elles n'ont jamais cessé d'être, dignes d'éclairer le monde et de le civiliser.

Le grand amour que de Thou portait aux sciences en fit naître un pareil dans son cœur pour les savants; et bientôt Pithou, Cujas, Scaliger, Henri Étienne, Muret, Cambden, Lefèvre, enfin tous les hommes illustres qui se consacrent à la restauration des lettres, deviennent ses amis, et s'empressent de l'admettre dans leurs rangs. Ils vivent sous des lois et des cieux opposés; mais un même esprit les anime, ils parlent la même langue, et travaillent tous ensemble à fonder, sur les ruines de la barbarie, une ère nouvelle et brillante, celle des lumières et de la civilisation.

Non content d'étudier les hommes dans les livres, de Thou veut les voir et vivre au milieu d'eux. Il parcourt la France, l'Italie et les Pays-Bas; il se met en relation avec les princes et les savants, avec les guerriers et les artistes; il visite les lieux et les monuments célèbres; il pénètre dans les bibliothèques, dans les archives et dans les ateliers, et recueille partout une foule d'ob-

servations et de renseignements utiles dont il fera
bientôt le plus noble usage.

C'est ici l'époque heureuse de sa vie. L'étude
remplit tous ses moments et lui prodigue toutes
ses jouissances. Philosophie, littérature, poésie,
mathématiques, police, religion, il cultive toutes
les sciences et se rend habile dans chacune d'elles.
Mais celle qui lui présente le plus d'intérêt, celle
à laquelle il s'attache de préférence aux autres,
est l'Histoire. Il étudie avec passion l'histoire de
l'antiquité si belle, si majestueuse; il descend ensuite à celle des âges modernes, moins intéressante et presque toujours déplorable; et conçoit
l'idée de transmettre à la postérité celle de son
temps, pour servir d'intermédiaire entre la gros-
sièreté qui disparaissait et les prodiges éclatants
de l'antiquité qui allaient renaître. Il rassemble
alors des matériaux de toutes parts; il consulte
les registres publics, remonte à toutes les sources,
et inscrit avec une égale impartialité les actes de
tous les peuples et de tous les partis.

Mais qu'il me soit permis de m'arrêter un moment sur une époque importante de sa vie. Solli-
cité par sa famille, il était entré dans les ordres
de l'église. Son oncle (1), appelé à l'évêché de

_____

(1) Nicolas de Thou, qui sacra Henri IV, en 1594.

Chartres, lui avait résigné tous ses bénéfices, et un office de conseiller-clerc venait de l'attacher au parlement de Paris. L'exactitude et le zèle qu'il montre à remplir tous les devoirs de ses nouvelles fonctions, les égards et les déférences qu'il témoigne à ses collègues et à ses chefs, lui gagnent aussitôt l'estime et l'affection de tous. Sa figure est douce et son air modeste, ses manières sont simples et timides, mais son ame est sensible et fière, et son cœur plein de franchise et d'intrépidité. Avec des qualités aussi précieuses, il devait acquérir, et il acquit en effet, une considération au-dessus de son âge. Les grands, qui aimaient encore dans les autres les vertus qui manquaient en eux, le recherchèrent avec empressement, et la cour le chargea de plusieurs commissions importantes, soit auprès du duc d'Alençon, qui menaçait d'exciter le trouble dans l'état; soit dans la Guienne, qui, divisée par des querelles religieuses, implorait d'autres juges et d'autres magistrats. Mais lorsqu'il eut perdu son père, si cher à la magistrature, et qu'il fut resté, par la mort de son frère, le seul soutien d'un nom illustre, il se vit contraint de changer de carrière, et de renoncer aux avantages que lui promettait le sacerdoce : il se dépouilla de tous ses bénéfices, et obtint un office de maître des requêtes, puis la survivance à la charge de son oncle (1), président à mortier au parlement de Paris.

Le nom qu'il porte, les alliances qui l'unissent aux premières familles du royaume, et la protection particulière des princes dont il est honoré, lui promettent le plus brillant avenir si l'ambition trouve un accès dans son cœur; mais non, il préfère à l'honneur des emplois publics les charmes d'une vie tranquille et studieuse. Plus heureux sans doute si la passion qu'il nourrissait pour les lettres l'eût absorbé tout entier, et s'il eût moins étroitement lié son sort à celui de sa patrie!

Mais telle n'était pas la maxime qu'il avait reçue du premier président son père. Les leçons et l'exemple de ce grand magistrat l'avaient embrasé de l'amour le plus ardent pour son pays; les événements horribles qui se passaient sous ses yeux le plongeaient dans une tristesse profonde. Chaque jour, avec le bon et vertueux Lefèvre (2), il s'entretenait des affaires publiques et de l'état déplorable de la chrétienté; il n'envisageait qu'avec effroi l'avenir de la France; et tandis qu'autour d'eux on tramait la révolte et le crime, ces deux hommes de bien faisaient des vœux au ciel pour leur patrie, et s'exhortaient l'un l'autre

---

(1) Augustin de Thou.

(2) Nicolas Lefèvre, qui fut précepteur de Louis XIII.

à persévérer courageusement dans la pratique de tous leurs devoirs.

Jamais en effet, à aucune autre époque, la France ne dut offrir aux bons citoyens un plus juste sujet de tristesse et d'alarmes. Parvenu à ces temps désastreux, de Thou, dans son histoire, nous dit avec l'accent de la douleur : « Il ne s'a-« git plus maintenant des belles maximes ni des « grandes actions de nos pères; je vais exposer « les malheurs qui désolent depuis quarante an-« nées ce royaume autrefois si florissant. » Il nous représente la cour plongée dans la superstition et le vice; l'intrigue et la révolte fermentant dans son sein, et des obligations criminelles prenant partout la place des devoirs les plus essentiels et les plus sacrés. L'autorité royale demeurait sans appui, l'état sans police, et les gouvernants sans vertu. Depuis long-temps la sagesse est bannie des conseils, depuis long-temps l'amour du bien pu-blic a déserté tous les cœurs. Nous voyons de viles passions gouverner le peuple et les grands, Catherine et le monarque lui-même. Un fanatisme farouche, allumé par les guerres de religion, em-brase toute une nation, que l'habitude des massa-cres a rendue féroce; et cette ligue monstrueuse, engendrée par une ambition hypocrite pour ser-vir, disait-elle, de rempart à la foi, s'est tournée contre le monarque, et menace d'engloutir à la

fois le royaume et la dynastie. Tandis que le malheureux Henri s'abandonne imprudemment aux
plaisirs et à la débauche, Guise s'élève sur les
marches du trône, plein de force et d'audace.
Long-temps il s'est montré, comme ses ancêtres,
le plus ferme défenseur de la royauté; aujourd'hui
il en est devenu l'oppresseur et l'ennemi le plus
redoutable. Il a corrompu l'esprit de la nation
par ses émissaires et ses largesses; sa grâce, sa
générosité, son intrépidité lui ont gagné tous les
suffrages; mais, tout couvert du sang le plus précieux de la Saint-Barthélemi, il médite le plus
détestable des crimes. Il ne fait plus mystère de
ses desseins, le sang des Valois est stérile, les
Bourbons sont proscrits par ses artifices, ou n'of-
frent plus qu'une légitimité répudiée. En vain le
monarque épouvanté le relègue loin de sa cour;
Guise est assez hardi pour braver sa défense, et
assez fort pour se présenter impunément à ses
yeux. Désormais il ne sera plus temps de s'empa-
rer de cet audacieux rebelle, déjà tout Paris se
lève en armes pour le soutenir.

De Thou fut alors témoin de cette journée terrible et funeste, où le peuple ne craignit pas de
secouer le joug de l'autorité légitime, et d'élever
une barrière éternelle entre son prince et lui.
C'est ici un moment d'épreuve pour tous les Français : prendront-ils le chemin de la révolte ou

celui de la fidélité? Ils peuvent librement choisir
l'un ou l'autre. D'un côté, ils aperçoivent un roi
sans vertu, comme sans talent, traînant après lui
dans sa fuite le découragement et la détresse, le
dénûment et la honte d'un pouvoir méconnu ;
ne promettant à ses serviteurs que fatigues, dangers, privations de toute espèce, et ne leur offrant
que le sentiment presque éteint de leur devoir
pour tout appui et pour toute consolation. De
l'autre côté règnent la confiance et l'audace, l'enthousiasme et l'union ; la ligue voit à sa tête un
homme de cœur et de génie, et dans son alliance
le monarque le plus riche et le plus puissant ; elle
intéresse le ciel et la terre à sa cause, et dispense
à ses défenseurs les dignités et l'or, les bénédic-
tions et les gloires de l'éternité. Mais de Thou est
déjà loin de la capitale. Il a quitté ses travaux, ses
foyers, sa famille ; il est aux côtés de son prince,
il le console, il l'encourage ; il ranime le zèle glacé
des royalistes, affermit leur fidélité chancelante,
et court de ville en ville, de province en province,
quêtant pour son roi malheureux des appuis et
des défenseurs. Sa bannière est le signe de rallie-
ment pour tous les gens de bien ; mais ses efforts
et son dévouement ne sont point imités : les vertus qui jadis attachaient les Français à leur souverain ont déserté une terre devenue la proie des
Guises, et partout sur son passage il ne rencontre

que tiédeur ou refus. Un accord ménagé par la
reine-mère fut loin de ramener la paix entre les
partis. En vain Guise est décoré du titre de géné-
ralissime, ce titre ne suffit plus à son ambition
dès qu'il le possède; il demande encore, en me-
naçant, l'épée et la garde de connétable. Jamais
il ne fut plus téméraire ni plus à craindre. Les
états rassemblés à Blois sont remplis de ses parti-
sans et de ses créatures; déjà il rivalise d'autorité
avec son prince, sa destinée va s'accomplir, il
faut qu'il règne ou qu'il périsse. Bientôt, en effet,
il tombe sous le fer des assassins, victime de la
terreur dont il a frappé le monarque.

De Thou ne fut pas témoin de cette grande ca-
tastrophe, il s'était rendu à Paris, où il cherchait
à suppléer par des emprunts à l'épuisement du
trésor royal. A la nouvelle des assassinats de Blois,
la capitale, livrée à l'horrible domination des Seize,
proclame la déchéance du dernier des Valois, et
se porte à tous les excès de la rage et de la vengeance. La nation imite cet exemple, et le roi voit
soudain soulever et armer contre lui les trois
quarts de la France. C'est au nom d'une religion
de paix et de charité que les citoyens se font
entre eux la plus effroyable guerre; on dirait que
les divers partis qui les divisent n'ont plus rien de
commun ensemble; ils ne veulent ni d'un même
prince ni d'une même patrie; tous les liens de

la société paraissent rompus entre eux. A Paris, le parlement est conduit à la Bastille, et tous les magistrats fidèles sont renouvelés. De Thou est arrêté; mais, délivré presque aussitôt par un prédicateur de la ligue, il parvient à sortir de la capitale sous le déguisement d'un soldat, et se hâte de rejoindre Henri à Tours, pour lui consacrer encore sa fortune et sa vie. C'est alors qu'il rendit à la monarchie le plus essentiel et le plus important des services, et le seul qui pût la faire triompher des efforts de tous ses ennemis. Nous voyons, sous ce règne déplorable, un troisième parti armé partager la France; celui des protestants, que la ligue avait toujours eu soin de représenter comme la seule cause de tous les troubles, afin de les rendre odieux et suspects à l'autre parti. Ils possédaient alors des troupes aguerries et se montraient redoutables, moins encore par leur nombre que par l'habileté et la valeur du capitaine qui les commandait. C'était le jeune roi de Navarre, qui, menacé et persécuté sans relâche par la cour de France, s'était vu contraint de lui faire la guerre et de la vaincre, pour sauver de leur ruine lui et ceux de sa communion. Depuis ce temps il n'avait cessé de faire des progrès à la tête de son armée, et renvoyé inutilement à Henri des offres d'accommodement; car tel était l'aveuglement et, si l'ose le dire, la sottise du roi de

France, qu'il se montrait beaucoup plus disposé à se rapprocher de la ligue, qui voulait le renverser, que des hérétiques, qui étaient intéressés à le défendre. Enfin de Thou, par ses démarches et ses sollicitations réitérées auprès de son prince, parvient à vaincre ses préventions et sa répugnance : il réconcilie les deux rois, réunit les catholiques et les protestants sous la même bannière, et donne à la noblesse française un général digne de la commander.

A peine a-t-il obtenu un succès aussi heureux et aussi inespéré, qu'il se hâte de partir pour signaler jusqu'auprès des gouvernements étrangers le zèle et le dévouement qui l'animent pour sa patrie. Il s'agissait pour lui de se rendre en Italie, en Suisse et en Allemagne, afin d'y solliciter des secours en faveur des royalistes, et d'empêcher la levée des troupes que la ligue attendait de ces différents pays. Il lui fallait traverser de vastes contrées occupées par l'ennemi, et marcher de nuit par des chemins difficiles et détournés pour éviter ses coureurs qui battaient la campagne; et, dans cette multitude d'embarras et de dangers attachés à sa mission, il ne pouvait attendre aucune assistance de son parti; mais il devait puiser toutes ses ressources dans son esprit, dans son courage et dans sa fortune. Il ne fut arrêté par aucune de ces considérations, qui auraient sans doute rebuté l'homme le plus intrépide dans la poursuite de ses propres affaires; il surmonta tous les obstacles, et se rendit successivement dans tous les lieux de sa destination. Enfin, il avait réussi dans ses négociations, et, par les nouvelles qu'il recevait chaque jour des progrès rapides de l'armée royale, il se félicitait d'être bientôt témoin du triomphe de sa cause, lorsqu'il apprit tout à coup l'horrible forfait d'un fanatique, et l'abîme effrayant dans lequel le royaume était de nouveau plongé. C'est alors qu'on vit la France préférer la domination étrangère à l'autorité de son roi légitime, et la faction espagnole s'établir dans le sein de la capitale pour épier tranquillement, au milieu des calamités nationales, le moment de porter la main sur la couronne de saint Louis.

C'en était fait de la monarchie, si le nouveau monarque eût été un prince ordinaire; mais sa constance, son habileté, sa bravoure, sa gaieté même au milieu des plus grands dangers, en faisaient un héros, et sa bonté, sa générosité, sa franchise, le meilleur de tous les princes. Cependant nous voyons ce grand roi contraint, non-seulement d'acheter la soumission de ses sujets rebelles, et de traiter presque d'égal à égal avec tous les commandants de place, mais encore d'enchaîner par de continuels bienfaits la fidélité de ses propres serviteurs. S'il se trouve des ambitions sans pudeur qui cher-

chent à mettre à profit ses infortunes, il est des
cœurs généreux qui savent les sentir et les partager. De Thou s'empressa de donner pour
Henri IV l'exemple du dévouement le plus ab-
solu et du désintéressement le plus parfait. Il
était dans le camp de son maître, ou en voyage
par son ordre et pour son service, supportant
l'adversité sans se plaindre, et dépensant chaque
jour son patrimoine sans regret. Tantôt il parcourt les villes et les provinces pour les maintenir
dans le devoir, et apporte avec empressement à
son prince l'or qu'il possède et celui qu'il a pu
emprunter; tantôt il négocie pour lui ouvrir les
places rebelles, ou s'enferme dans les forteresses
pour les lui conserver. Il se consacre à lui sans
réserve, sans ambition personnelle, sans même
être animé de cet enthousiasme qui exalte les
partis et qui les rend capables de supporter les
extrémités les plus dures. Je me trompe, il était
soutenu par le sentiment qui a le plus de pouvoir sur les grandes ames, par la passion la plus
forte et la plus sublime, l'amour de son roi et de
sa patrie.

Enfin, la paix a consolidé le trône nouveau des
Bourbons, et de Thou espère qu'elle sera pour
lui le terme de ses malheurs, comme elle est pour
la France le gage de sa tranquillité et de son bonheur, l'aurore de sa grandeur et de sa puissance;

en un mot, le commencement de ce règne à
jamais célébré et envié par toutes les nations.
Après un long exil, il est rentré dans sa maison
et rendu à ses études, et, soit qu'il apporte ses
soins à la continuation de son histoire, qui ne lui
offrira plus qu'une tâche douce et consolante à
remplir, puisqu'il n'aura désormais à entretenir
ses lecteurs que du bonheur de ses concitoyens;
soit que, sortant de cette occupation chérie, il
reprenne l'office de médiateur, qu'il n'a cessé de
remplir pendant toute la durée des troubles, et
qu'il fasse l'accommodement des chefs de la ligue
avec un monarque qui ne savait se venger que
par des bienfaits; soit que, revêtu d'un nouveau
caractère par son souverain, il achève, en pu-
bliant un édit (1) fameux, de consolider la paix
entre les deux religions, et d'affermir la tranquillité du royaume; nous le voyons dans toutes les
circonstances de sa vie, et avec un zèle infatigable,
occupé constamment de la gloire et des intérêts
de sa patrie.

Si maintenant je me demande quel fut le prix
d'une conduite aussi belle et d'une vertu aussi pure,
je reste surpris et indigné de ne découvrir que la
plus complète ingratitude; car je ne puis regarder comme une récompense le titre de président,

----

(1) L'édit de Nantes.

qu'il obtint à l'époque de la restauration du trône ;
il le dut non pas à la reconnaissance du prince,
mais à la mort d'un oncle qui l'aimait, et qui,
depuis long-temps, lui avait procuré la survivance
de sa charge. Tandis que les courtisans se pressent autour de Henri heureux et triomphant, et
qu'ils se repaissent de ses libéralités, celui qui se
trouvait à ses côtés aux jours de sa détresse, celui
qui partageait ses dangers, son adversité et ses misères, qui épuisait son patrimoine à son service,
qui, dans la guerre, avait perdu presque toute sa
fortune, se montre à peine, ne demande rien et
reste oublié. « Sa majesté, écrit-il à un ami (1), disait
« souvent que j'étais bien différent de ses autres
« serviteurs, que je ne me plaignais point de la perte
« de ma fortune, tandis que ceux-ci, profitant du
« malheur des temps, parlaient sans cesse des per-
« tes qu'ils avaient essuyées ; cet éloge flatteur a
« été toute ma récompense. Le roi changea à mon
« égard avec sa fortune, et j'ai appris à mes dé-
« pens que rien n'est plus fragile que la faveur des
« princes. » Et quel bien pouvons-nous penser
qu'il regrette et qu'il envie ? seraient-ce les richesses dont il a fait un si noble usage, ou les
honneurs dont son mérite le rendait digne plus
que personne ? Non ; il déplore avec une douleur

---

(1) Le président Jeannin.

amère la perte d'un bien mille fois plus précieux pour lui; c'est l'amitié de Henri qu'il pleure, c'est là toute la cause de ses regrets. Car non-seulement il n'en reçut aucune faveur, mais, il est pénible de le dire, il encourut encore le poids de sa disgrace.

De Thou avait publié son histoire, et cet écrivain, si pur dans ses intentions, si mesuré dans ses termes, si sage dans ses récits, avait vu soulever contre lui le fanatisme que rien ne désarme, et la mauvaise foi toujours prête à tout envenimer. On ne lui pardonnait ni sa modération à l'égard des protestants, ni ses révélations touchant la vie et les mœurs de certains pontifes, ni l'édit de Nantes, dont il était l'auteur, ni son zèle pour la défense des droits de la couronne et des libertés de l'église. Le roi, qui avait accepté la dédicace de son ouvrage, lui prêta d'abord son appui; mais ensuite, soit qu'il se fût laissé circonvenir en écoutant les accusations portées contre lui; soit plutôt qu'il craignît, en le protégeant, de donner naissance à de nouvelles disputes sur des questions délicates qu'il était prudent de ne pas renouveler, il abandonna de Thou; et le chef-d'œuvre historique de la France, qui respire à chaque page le respect de la religion et du trône, l'amour de la paix et de l'humanité, qui fut reçu avec enthousiasme par toute l'Europe savante, et qui ne compte plus aujourd'hui que des admirateurs, fut condamné par la cour de Rome, après avoir été puérilement examiné par des moines ignorants. Il faut le dire à l'honneur du siècle, cette sentence odieuse, si nous en exceptons un prélat célèbre (1), défenseur intrépide du pouvoir des papes, ne fut provoquée et soutenue que par des hommes sans pudeur, et des écrivains aujourd'hui sans réputation. Le parlement, révolté des attaques indécentes que l'on accumulait sans relâche contre le plus respectable de ses membres, flétrit de ses arrêts cette tourbe de Zoïles, en n'épargnant pas même le fameux cardinal.

Malgré les suffrages des personnages les plus illustres dont il fut honoré, malgré les louanges que les savants de tous les pays et de toutes les religions s'empressèrent de lui prodiguer à l'envi, de Thou ne supporta qu'avec peine l'injure faite à ses écrits et à son caractère, et laissa éclater son indignation contre ses persécuteurs. Quels durent être en effet sa surprise et son découragement de se voir, sur la fin de sa carrière, desservir et diffamer, sans égard pour l'intégrité de sa vie, et condamner ensuite indignement par un tribunal auguste et alors redouté! Le seul prix que sa vertu attendait sur la terre lui est enlevé; un sentiment

_____

(1) Le cardinal Bellarmin.

pénible l'oppresse, mais son caractère ne perd rien de son énergie. S'il se montre docile et empressé à corriger ses erreurs, il demeure inébranlable dans la défense de la vérité. Ni l'espoir d'apaiser les clameurs de la calomnie, ni le désir si puissant sur son cœur de regagner les bonnes grâces de son prince, autrefois son ami, ni aucune autre considération n'est capable de lui faire changer, dans son histoire, ce qui lui paraît juste et avéré. Il défend hautement son ouvrage, et maintient la vérité aux dépens de son repos et de ses affections.

C'est par cette haine profonde qu'il professe pour toute espèce de mensonge et de déguisement, qu'il résiste aux prières et aux séductions du monarque anglais avec la même fermeté qu'aux foudres du saint-siége. Le fils de Marie Stuart, après avoir abandonné sa mère dans sa prison, montrait un zèle ardent, et honorable d'ailleurs, à la défendre après sa mort; et tous les cœurs, touchés comme le sien du sort de cette princesse aimable et belle, semblaient aussi avoir oublié ses torts pour ne se ressouvenir que de ses malheurs. On considère aisément comme innocent le coupable dont la peine a surpassé la faute; et en voyant la longue captivité de Marie et sa mort cruelle, non-seulement ses torts paraissaient moins graves que son châtiment, mais la rigueur et l'iniquité de ses juges la faisaient encore regarder comme inno-

cente. L'inexorable histoire n'admet point de com-
pensation de cette espèce; en vain Jacques Ier
employa-t-il tous les moyens auprès du président
de Thou pour obtenir le changement de certains
passages accablants pour la reine, le sévère historien donna des larmes à l'infortune et laissa parler les faits.

Ce n'était point assez pour ses détracteurs
d'avoir obtenu la proscription de ses ouvrages;
leur haine, comme il arrive d'ordinaire, s'at-
tacha de plus à sa personne. Tandis que le fidèle
Sully, chassé du ministère, pleurait dans la re-
traite sur le souvenir de son maître, de Thou fut
exclu de la première présidence du parlement,
que la cour lui avait solennellement promise, et
que son père avait occupée avec tant d'honneur
et de célébrité. Nous le voyons néanmoins servir
plus tard, dans les finances et dans plusieurs négociations importantes, un gouvernement dont il
n'avait éprouvé qu'injustice et ingratitude. La réforme de l'université, la construction du collége
royal, l'embellissement et l'augmentation de la
bibliothèque de nos rois (1), dont il avait la garde,
furent encore l'objet de ses soins : et c'est ainsi
qu'il acheva sa carrière, en s'occupant, comme il

_____

(1) Il l'enrichit des livres et des manuscrits de Catherine
de Médicis.

avait fait toute sa vie, de l'instruction et du bonheur de ses concitoyens.

L'homme d'état regrettera qu'il ne se soit pas
consacré entièrement aux affaires publiques, et
le littérateur, qu'il n'ait pas donné tout son temps
à la culture des lettres. Tous admireront en lui la
vaste étendue de ses connaissances, la solidité de
son jugement, sa raison supérieure, et cette philosophie douce et amie de l'humanité dont il fut,
avec Montaigne, le premier apôtre. Il s'attendrit
à la seule pensée du bonheur de ses semblables,
et n'en parle jamais qu'avec émotion. Son esprit
éclairé, son ame sensible et bonne, voudraient
toujours voir régner sur la terre l'ordre, la paix
et l'union. Avec quelle douceur, quelle onction
il exhorte à la paix, à la concorde, à l'oubli des
injures! combien de fois il répète à ses concitoyens, dans ses écrits, de vivre en paix entre
eux, de se tolérer, de s'aimer! Il tremble au seul
nom de guerre et de vengeance; il ne veut pas
de qualifications odieuses; il rejette tout ce qui
pourrait perpétuer les partis. Il rappelle que saint
Augustin, parlant aux Pélagiens, les traite toujours de frères, et il voudrait que l'homme ne
vît dans l'homme qu'un frère et qu'un ami. Qui
montra jamais un désintéressement plus pur, une
droiture plus parfaite, une charité plus ardente et
un sentiment plus profond de la divinité? On a

accusé sa religion ; mais si la vraie piété se prouve par l'amour et la pratique de toutes les vertus, non, jamais personne ne fut plus religieux ni plus chrétien que Jacques-Auguste de Thou.

SECONDE PARTIE.

Ce qui frappe d'abord dans l'examen des ouvrages du président de Thou, c'est leur importance aussi-bien que leur utilité. Il n'est pas de science plus belle ni plus intéressante que l'histoire; il n'en serait pas de plus utile, si les hommes pouvaient suivre les conseils d'une expérience qui ne leur a rien coûté. De tout temps ils ont conservé avec un sentiment religieux la mémoire des grands événements qui intéressaient leur famille ou leur patrie; mais les souvenirs qu'ils transmirent d'abord à la postérité furent rares et confus : des hymnes, des trophées et des fêtes, c'était là toute l'histoire. Dans la suite elle s'ouvrit un champ plus vaste et prit un cours plus réglé; elle recueillit toutes les traditions, s'empara de tous les actes publics, et devint alors la représentation exacte du passé et l'emblème fidèle de l'avenir. Ainsi l'homme ne borne point son existence au petit nombre de jours qu'il respire; il la reporte à travers les âges jusqu'au berceau du monde.

Ce n'est point assez pour l'histoire que de re-
tracer des souvenirs souvent pénibles, ou d'offrir
des leçons presque toujours méprisées ; elle donne
encore l'impulsion au génie et fournit le plus puissant encouragement à la vertu ; elle enfante des
héros et opère des prodiges en montrant à tous
les cœurs généreux les palmes de la gloire et de
l'immortalité.

Mais son autorité est souvent affaiblie par les
contradictions qu'elle nous présente. Les principes des événements n'ont pas toujours été connus ; quelquefois on s'est vu forcé de se taire
sur leurs causes, et trop fréquemment encore
l'homme abuse de la vérité ; il la plie à ses vues
ou à son système, et devient injuste ou partial
dans le récit des faits mêmes qui, n'ayant laissé
après eux aucune trace, n'affectent guère que son
esprit ou son imagination.

Si l'historien qui nous entretient aujourd'hui
d'intérêts aussi éloignés que ceux de Rome et
d'Athènes, est sujet à se laisser entraîner par ses
opinions ou par son parti, sous quelle influence
terrible n'est-il pas placé celui qui écrit l'histoire
de ses contemporains, celle des troubles et des
factions au milieu desquels il a été plongé, et
qui, rapportant les mérites et les torts des gouvernements et des hommes existants, est obligé
à chaque page d'étouffer des sentiments actifs

d'amour ou de haine? C'est ici que de Thou se
montre admirable et digne à jamais de servir de
modèle; car tel est l'auguste caractère qu'il a im-
primé à ses écrits, qu'il paraît intègre et équi-
table, comme sur son tribunal, en présence des
grands intérêts qu'il développe.

Il parle avec respect, mais avec sincérité, des
peuples et des partis; il tient avec calme la ba-
lance de la justice entre eux, et comme il se rend
l'interprète fidèle de leurs actes, il mérite et em-
porte également le respect et l'approbation de
tous. Aucun historien n'inspira jamais plus de
confiance, de cette confiance surtout qui repose
sur la bonne foi de l'écrivain; et jamais la vérité
ne connut d'apôtre plus courageux ni plus infatigable. Il fait profession non-seulement de la dire,
mais encore de la dire hardiment, et il le déclare
dans sa préface à Henri lui-même, lorsqu'il lui
représente comme un insigne honneur pour son
règne d'avoir permis à chacun de penser ce qu'il
veut, et de dire librement ce qu'il pense. Ne crai-
gnons pas que de Thou abuse de cette liberté
qu'il proclame et dont il se glorifie; il ne la fera
servir qu'à la cause du bien général et à celle de
la vertu. La haine qu'il professe contre les abus
et la tyrannie ne diminue rien de son zèle pour
la soumission que tout le monde doit à l'autorité
légitime : souvent il censure les actes publics et

les gouvernements; mais c'est un ami qui reprend,
jamais un factieux qui dénigre, ni un mécontent
qui murmure. C'est avec le même esprit de bienveillance et de liberté qu'il donne des leçons à
son prince, qu'il lui trace exactement la route à
suivre, et qu'il va jusqu'à le menacer de malheur
s'il s'en écarte. Et qui pourrait le blâmer de ce
droit qu'il s'arroge, lorsqu'il le puise dans la pureté de ses intentions, dans sa conviction intime,
et plus encore dans l'amour ardent qu'il porte à
son pays? Écoutons ce qu'il dit lui-même de la
patrie; le meilleur des citoyens parle au plus grand
des rois : « C'est une maxime, dit-il à Henri IV,
« que j'ai reçue par une tradition héréditaire,
« non-seulement de mon père, qui était d'une
« probité généralement reconnue, mais aussi de
« mon grand-père et de mon bisaïeul, qu'après ce
« que je dois à Dieu, rien ne me devait être plus
« sacré que l'amour et le respect dus à ma patrie;
« et cet esprit, je l'ai porté constamment dans
« l'administration des affaires, persuadé, selon la
« pensée des anciens, que la patrie est une se-
« conde divinité, que les lois viennent de Dieu,
« et que ceux qui les violent, de quelque prétexte
« spécieux qu'ils se couvrent, sont des sacriléges
« et des parricides. »

Sa préface est pleine de pensées aussi belles et
aussi noblement exprimées: elle est d'un bout à

l'autre une leçon éloquente de sagesse et de respect pour les lois ; elle lui sert, en quelque sorte, de profession de foi politique et religieuse, et décore magnifiquement l'entrée du vaste édifice de son histoire. Seule, elle suffirait pour nous donner la plus haute opinion du génie et du caractère de son auteur, si nous n'avions d'ailleurs sous les yeux le tableau de sa vie tout entière.

Personne n'était plus capable que lui de remplir l'immense étendue du plan qu'il s'était tracé. Il a puisé dans ses lectures, dans ses voyages et dans ses négociations, la connaissance raisonnée des mœurs, des coutumes et de la géographie de tous les peuples ; il s'est instruit avec diligence des intérêts des princes, et de l'esprit de leurs gouvernements ; il a fréquenté la cour, il a été initié à toutes les affaires : c'est à l'aide de ce prodigieux savoir, dirigé par la plus saine critique, qu'il entreprend d'écrire l'histoire. Si, d'une part, il se renferme dans un cercle d'années qui ne dépasse point les bornes de la vie la plus commune ; de l'autre, il embrasse tous les pays et toutes les nations, et nous n'aurons pas la fatigue d'attendre à la suite des siècles les résultats nécessaires des événements qu'il raconte : les faits se pressent et se succèdent avec rapidité, et des révolutions immenses commencent et s'accomplissent dans le court période de temps qu'il s'est

assigné. L'ordonnance de son sujet est à la fois
neuve et majestueuse ; il passe en revue toute la
terre, et l'histoire des peuples qui la couvrent,
en venant se fondre successivement dans son ouvrage, occupe la juste place qu'elle mérite, et
garde l'exacte proportion qui convient à l'ensemble. L'époque qu'il a choisie est l'une des plus
intéressantes de l'âge moderne, c'est le siècle de
Michel-Ange, du Tasse et de Bacon ; c'est celui
de la renaissance des lettres, de la réforme et des
guerres religieuses. C'est alors que les états, qui
ont essuyé tant de variations et de bouleverse-
ments par la fureur des conquêtes, prennent une
forme plus constante et mieux déterminée ; l'é-
quilibre s'établit entre les puissances, une politique plus étendue et mieux raisonnée les gou-
verne, les institutions naissent, et la force seule
ne tient plus le sceptre du monde. Cependant le
sort des états parait toujours lié à celui des princes qui les régissent ; ils s'élèvent ou s'abaissent
avec eux ; ils changent de politique en changeant
de maître, et détruisent souvent le jour ce qu'ils
avaient édifié la veille au prix des plus longs et
des plus pénibles sacrifices.

De Thou, après nous avoir fait un exposé ra-
pide du règne plus bruyant que glorieux de Fran-
çois Iᵉʳ, se jette dans l'histoire de tous les gouvernements, et les fait marcher tous ensemble,

les unes vers la puissance et la grandeur, d'autres vers la décadence et la ruine; tandis que plusieurs restent stationnaires, et semblent épier le moment de prendre leur essor et de s'élever à leur tour au plus haut période de la gloire et de la puissance. Il nous représente d'abord l'Espagne à la tête des nations. Fière des nombreuses couronnes qui parent le front de ses maîtres, et riche des dépouilles d'un monde nouveau qu'elle dévaste, elle fait la loi à l'Europe, et paraît sur le point de l'asservir; mais sa domination, la plus dure et la plus odieuse qui ait jamais pesé sur les peuples, ne se soutient que par la guerre et par la terreur. Sa politique farouche et sanguinaire soulève contre elle une nation industrieuse et brave; en vain elle multiplie les supplices et verse des torrents de sang pour la comprimer, en vain elle envoie ses meilleurs généraux et les vieilles bandes de Charles-Quint pour la réduire; ses possessions éparses, éloignées, sans liaison entre elles, et toujours exposées aux entreprises de ses deux rivales les plus redoutables, dévorent son or et ses soldats; et Philippe, ce prince si puissant et si riche, car ses revenus surpassaient ceux de tous les autres princes; ce despote, dont on a vanté le génie, dont le règne ne fut pas sans gloire, mais de qui le sort ne sera jamais envié par aucun monarque, meurt en voyant échapper de ses mains l'une des plus belles portions de l'héritage de ses pères, et en léguant à son successeur, des finances épuisées, un royaume dépeuplé, et un empire qui s'écroule.

Si de Thou nous transporte en Allemagne, il nous fait voir la ferveur des nouvelles doctrines religieuses, et les prétentions des princes germains les uns contre les autres, y entretenir sans relâche une guerre intestine. La nation n'a point de commerce, point d'industrie, point de richesses, mais elle est belliqueuse et inébranlable. Au milieu de ses divisions, elle repousse avec vigueur les attaques opiniâtres du terrible Soliman. Le temps n'est pas encore venu pour elle, où le bonheur de ses alliances la rendra redoutable aux nations, et où la France, après les efforts impuissants des peuples du Nord, sera obligée elle-même de poser en Westphalie les bornes de sa puissance.

Mais c'est aux affaires de son pays que notre historien prête l'attention la plus soutenue, moins encore par cet intérêt si naturel qui s'attache à la patrie, que par la grandeur des événements dont elle est le théâtre. Qui ne connaît les dissensions et les guerres horribles qui la dévorent? Qui ne sait les misères et les crimes affreux qui la souillent? Rien ne manque plus à ses malheurs, comme à son avilissement; mais l'orage se dis-

...ipe, le calme lui est rendu avec son roi légitime; aussitôt elle secoue ses lambeaux et son ignominie, et se lève de ses ruines plus que jamais grande et majestueuse.

En vain l'Angleterre est séparée du reste du monde; les mers ne la préservent point des troubles ni des révolutions du siècle. Elle change à chaque règne de croyance et de culte, et reste enfin affranchie pour toujours de l'autorité du saint-siège. Elle a des institutions sans posséder encore la liberté; cependant elle perfectionne son commerce et son industrie, elle prospère, et rassemble avec soin les éléments de sa grandeur future. Déjà, sous une grande princesse, elle isole sa fortune de celle du continent, et porte dans sa politique le calcul et l'égoïsme de son commerce.

Venise, tu n'es plus cette république orgueilleuse qui bravait la colère des nations! tu n'exciteras plus l'Europe, jalouse de ta puissance, à se liguer tout entière contre tes lagunes! Les armes ottomanes enlèvent la Grèce et ses îles à ta domination; tes vaisseaux s'arrêtent avant le terme sur cette longue route nouvellement ouverte à travers les mers; tu perds le monopole du commerce, la source de ta splendeur; et déjà tu bornes tous tes efforts à garder entre tes rivales une neutralité craintive!

Soit qu'il nous représente les lettres et les arts, l'esprit, la richesse et la magnificence, consoler, à l'envi, la belle Italie de la perte de sa liberté ; soit qu'il nous découvre Guillaume-le-Taciturne méditant l'indépendance de sa patrie, et, bientôt après l'avoir conquise, étendant son commerce et sa domination jusqu'au bout du monde ; soit qu'il nous raconte les courses et les établissements des Portugais dans les Indes, ou qu'il nous expose les agitations du Nord, et le triomphe de la Suède à Stettin, de Thou, historien toujours habile et fidèle, nous plaît, nous instruit et nous captive. Lorsqu'il transporte ainsi le lecteur d'un pays dans un autre, jamais il ne l'égare, jamais il ne le fatigue ; il marche en tenant constamment devant ses yeux le flambeau de la chronologie.

Il parle également bien de la politique et de la religion, de la guerre, du commerce et des lettres. Parvenu au dénoûment d'une action, ou au terme d'un récit, il jette un regard en arrière, et compte avec regret les hommes recommandables que l'Europe a perdus. Quelques lignes seulement sont consacrées à leur mémoire ; mais par l'impartialité qui préside à ses éloges ou à sa critique, par la tournure spirituelle et originale qu'il donne à chacun de ses portraits, cette partie de son ouvrage devient l'une des plus précieuses et des plus remarquables. Quelquefois, il faut l'avouer, il s'abuse sur le mérite de ses personnages, et particulièrement sur celui des littérateurs célèbres de son temps; et trop souvent le mauvais goût du siècle où il vivait a fait taire sa critique, pour ne laisser parler que la bienveillance et l'élévation de son cœur. Du reste, les nationaux et les étrangers, les catholiques et les protestants reçoivent de sa plume une justice égale; et lorsqu'on lui reproche les éloges qu'il accorde volontiers à ces derniers, il répond, qu'il n'en parle pas en théologien, *mais en homme qui a compassion de l'homme, et qui, par les lois et par sa nature, est obligé de vivre avec les hommes.*

S'il nous raconte quelques-unes de ces horreurs qui furent malheureusement si communes de son temps, il évite toujours avec soin les expressions odieuses et les accusations flétrissantes qui pourraient fermer toutes les voies du rapprochement et de la réconciliation. Parvenu à la Saint-Barthélemi, son récit devient plus grave et prend une couleur triste et sombre, mais il est simple et réservé: l'historien déteste et condamne ces assassinats horribles qui firent d'un peuple de fidèles un peuple de bourreaux; mais il se garde bien d'en prendre l'occasion d'accuser son prince, ou d'injurier les auteurs de ces massacres: il craindrait par là de produire une irritation nouvelle; il oublie les hommes et ne juge que les

choses. Cette conduite, il l'observe constamment
en parlant des triomphes ou des excès récipro-
ques des partis, dans un temps où la modération
et le pardon des injures devaient être recomman-
dés comme étant non-seulement des vertus dignes de louanges à toutes les époques, mais
comme offrant encore la politique la plus avantageuse et la plus opportune. S'agit-il, au con-
traire, de réveiller l'orgueil national et d'exciter
la haine du joug étranger? L'illustre historien
prend alors un nouveau langage; il s'anime, il se
passionne, il nous peint, avec les couleurs les
plus vives, cette assemblée, la plus téméraire qui
se soit jamais tenue sur le sol français, et, en
même temps, la plus humiliante pour la nation;
celle où présidaient les ambassadeurs d'Espagne,
et où ils furent entendus avec complaisance, lorsqu'ils parlaient d'exclure le Béarnais de la couronne, et de donner un roi de leur façon à la
France. Il faut convenir néanmoins que de Thou
se livre rarement à ces peintures vives et entraî-
nantes, à ces mouvements rapides et éloquents
qui transportent, pour ainsi dire, les événements
sous les yeux du lecteur, et qui font passer dans
son ame la chaleur et l'enthousiasme qui les ont
produits. Il se contente de conserver aux faits
qu'il raconte l'intérêt qu'ils peuvent offrir par
eux-mêmes, celui qu'un bon citoyen doit leur

accorder, sans jamais leur donner plus d'importance qu'ils n'en méritent aux yeux d'un homme
sage, et sans jamais mêler à ses récits l'irritation
d'un homme de parti. Si les Jésuites sont bannis
de la France, il expose, avec exactitude, les accusations terribles portées contre eux par le parlement; mais il produit, avec le même scrupule,
la défense qu'ils publient, et laisse à chacun le
soin de les condamner ou de les absoudre. Qui
croirait, à voir sa réserve, je dirais presque sa générosité, à l'égard de cette société fameuse, que
ses plus grands ennemis se trouvaient au milieu
d'elle, et qu'ils se distinguaient entre ses détracteurs, par la violence et le nombre de leurs accusations? Mais ce qui lui est simplement person-
nel et particulier ne lui importe guère, lorsqu'il
traite des affaires publiques; il se montre constamment étranger à toute espèce de prévention
et de ressentiment; et dans ces longs détails qu'il
nous présente des événements de son temps, il
n'oublie qu'une seule chose, c'est de parler des
injustices et des outrages dont il fut victime.

Je trouve encore, dans sa manière d'écrire, la
même sagesse que je remarque dans sa narration.
Il parle d'un air grave et réfléchi, et se sert d'un
style ferme et majestueux, qui commande l'attention et qui convient à la dignité de l'histoire.
Il s'exprime avec aisance et clarté, donne sa pen-

sée tout entière, et n'omet, dans ses récits, aucune circonstance propre à les rendre intéressants
ou à les renforcer, sans tomber jamais dans un
détail inutile, et sans jamais se laisser entraîner
hors de son sujet. Si je fais alors attention au
temps où de Thou écrivait, et que je me rappelle les compositions de la plupart des lettrés
de son siècle, qui y faisaient encore entrer beaucoup de théologie et très-peu de raison, qui se
perdaient souvent dans un labyrinthe de sophis-
mes et d'argumentations, et qui, tout adonnés à
l'histoire de l'antiquité, et particulièrement à celle
de la Bible, n'entendaient presque rien à leurs
propres affaires ; je suis étonné du goût, du jugement, de la science et de la pureté qui président à l'immense composition de notre historien ;
et je serais tenté de la croire le produit d'un siècle poli et éclairé, si les actes qu'elle retrace ne
sentaient encore trop la barbarie, et ne rappe-
laient involontairement ses contemporains et son
âge. Elle abonde en faits, et contient peu de ré-
flexions et de sentences. L'auteur suit ordinaire-
ment la marche des événements, sans écart et sans
interruption ; ou s'il s'arrête un instant sur le
passé, c'est pour en faire sortir une leçon utile,
plutôt qu'un aperçu fin et ingénieux, et puis il
continue aussitôt. Souvent il fait descendre son
histoire, qui embrasse tous les pays alors connus,

dans les détails d'une histoire particulière à un
seul homme, ou à un seul pays; il sait tout ce qui
mérite d'être raconté, et il le raconte avec complaisance; et bien loin de fatiguer, on regrette-
rait qu'il eût omis les particularités qu'il rapporte;
car il sait les faire tourner, soit à notre instruction, soit à notre agrément.

Il aurait pu, dans son histoire, parler le langage d'Amyot, de Montaigne et de Charron, ses
contemporains; et sans doute qu'il l'eût fait avec
ce charme que nous éprouvons encore aujour-
d'hui à la lecture des ouvrages de ces hommes
célèbres; mais le français n'était pas, comme à
présent, la langue de l'Europe : il commençait à
peine de naître, et ne possédait que la naïveté, la
fraîcheur et les grâces de l'enfance, sans avoir
rien de la force ni de l'élévation qu'il devait tirer
plus tard de la poésie. Un langage plus universel
et plus mâle convenait mieux à notre historien:
il allait parler à toutes les nations d'un ton grave
et solennel, et il emprunta la langue de Tite-Live.
L'habileté avec laquelle il en fait usage l'associe,
en quelque sorte, aux écrivains de l'ancienne
Rome. Dès son enfance, il s'était familiarisé avec
leurs tours et leurs expressions, et, à chaque
page, il les reproduit ou nous les rappelle; telle
est même sa supériorité dans notre éloquence
latine, où il ne connaît de rival que Muret, qu'il

pourrait, au besoin, devenir pour nous un auteur classique, si nous nous contentions de l'a-
bondance et de l'harmonie, de l'élégance et de la
correction, sans exiger un mérite de plus, celui
de l'originalité. Et c'est là le seul défaut qu'il
n'a pas vaincu, qu'il ne pouvait vaincre, et qui
toujours fera échouer les modernes qui tenteront
des excursions dans les champs déja assez riches
de l'ancienne littérature.

Je ne sais si je dois le féliciter d'être sorti triomphant d'un autre genre d'obstacle ; je veux parler
de la difficulté qu'il devait nécessairement sentir
à transporter dans son latin, sans en altérer l'é-
légance, les noms des villes, des hommes, des
emplois et des dignités de notre âge. Ses oreilles
sont tellement délicates, qu'il ne les admet qu'a-
près les avoir défigurés et dépouillés de toutes
les traces de leur origine barbare, de sorte qu'en
les habillant à la romaine, il les rend entièrement méconnaissables. Ce qui serait toléré dans
un ouvrage de poésie, dont l'agrément serait le
terme, ne doit pas être approuvé dans l'histoire,
dont la première qualité est d'être intelligible, et
où l'on estime moins les termes choisis et har-
monieux, que les désignations claires et précises.

Un autre reproche que des critiques, peut-
être trop sévères, lui adressent encore, c'est d'a-
voir tant de déférence pour les anciens, qu'il les

imite quelquefois jusque dans leurs préjugés et dans l'attention qu'ils prêtent à ces prodiges, si communs de leurs temps, qu'ils ne manquaient jamais d'arriver à la veille d'événements importants et extraordinaires. Comme eux, le grave, le judicieux de Thou recueille les fables qui circulent : il nous parle d'astrologie, de monstres, et de ces prétendus phénomènes qui sont en contradiction manifeste avec toutes les lois de la nature. Il est vrai qu'il ne porte pas, à cet égard, la complaisance aussi loin que ses contemporains poussaient la crédulité; souvent il se rit des prodiges qu'il raconte, et se montre porté à les décréditer. Nous devons croire qu'il les eût traités avec le mépris qu'ils méritaient, sans l'attention continuelle qu'il apportait à ne pas heurter trop ouvertement les opinions et les croyances générales, ou bien sans la persuasion où il était peut-être que ces détails merveilleux pourraient servir à la physique, dont les bornes n'ont été un peu reconnues que long-temps après, et dont on ne connaîtra jamais bien toute la puissance. Du reste, s'il a usé d'une trop grande indulgence envers certains préjugés de son siècle, il s'est montré, sous tant d'autres rapports, tellement supérieur à ses contemporains, que ces petits écarts qui lui sont reprochés, je pense avec injustice, ne peuvent nuire à l'idée avantageuse que cha-

cun se forme de son jugement, ni ternir en aucune manière l'éclat de sa réputation.

Parmi les autres ouvrages qu'il a composés ou
qui lui sont attribués généralement, le plus important et le plus intéressant pour nous, est celui qui présente l'histoire de sa vie, et qui fournit, en outre, une foule de documents précieux
pour l'histoire de ses contemporains. Nous y re-
trouvons sa méthode et sa marche, son esprit
tolérant et sage, sa belle latinité, et surtout cette
impartialité admirable qu'on peut appeler le ca-
chet de ses écrits. Il passe donc généralement
pour en être l'auteur; un savant de ses amis semble même l'avoir démontré; et cette opinion ne
trouverait pas de contradicteurs, sans la dénéga-
tion du président de Thou lui-même, qui déclare,
dans les termes les plus formels, que ces Mémoires ne sont pas de lui. Quelque raison que
l'on apporte d'un tel désaveu, il est encore des
personnes qui aiment mieux se refuser à une
évidence presque certaine, que de croire capable
de mentir, « Celui, disent ces Mémoires, à qui le
« mensonge était si odieux, qu'à l'exemple de cet
« ancien dont parle Cornélius Népos, il ne men-
« tait pas même dans ses discours les plus frivo-
« les. » Un ami aurait-il écrit la vie de cet homme
juste, pour servir de réponse à ses calomniateurs?
La tâche était douce à remplir : offrir l'exposé

simple et fidèle de sa conduite, c'était écrire assez sa justification et son éloge.

Parlerai-je de ses poésies, qui, dans le temps, ont joui de quelque célébrité? Elles existent, les unes comme des monuments de son amitié, de sa piété, de sa reconnaissance; les autres, de son esprit et de son imagination: sa muse latine célèbre ses amis et ses bienfaiteurs, chante les louanges du Seigneur, invoque la protection de la postérité pour ses ouvrages, ou, dictant dans ses vers des préceptes sur la chasse, fait pour les oiseaux qu'on élève à cet exercice, ce qu'une muse divine a fait jadis pour les abeilles. Ces différents essais ne sont pas sans agrément, mais leur mérite disparaît devant celui de son grand ouvrage; c'est sur lui seul que repose la haute réputation qu'il s'est acquise dans les lettres. L'Histoire universelle, qu'il a publiée dans un temps où la plupart des peuples avaient à peine des chroniques, est un ouvrage classique en ce genre, et le fait regarder, à juste titre, comme le père de notre histoire moderne. S'il partage avec Montaigne la gloire d'avoir le premier enseigné à la France le langage de la philosophie, je ne crains pas de le dire, il est de beaucoup supérieur à l'illustre auteur des Essais par le bien qu'il a fait à sa patrie, ainsi qu'à l'humanité, et, plus que lui, il mérite leur amour et leur reconnaissance. Son livre n'est pas seulement le livre des philosophes, il est encore celui des peuples et des rois. Il recommande à ceux-ci de pratiquer la justice, qui seule rend les trônes florissants et éternels; il montre aux autres que les divisions intestines sont le plus grand des fléaux qu'ils aient à redouter; il apprend aux citoyens qu'ils doivent faire le sacrifice d'une partie de leurs opinions, de leurs affections même, s'ils veulent assurer le bonheur et la tranquillité commune; enfin, il enseigne à tous les hommes que les passions sont trompeuses, et que la sagesse seule demeure une règle de conduite invariable et sûre, pour les particuliers, de même que pour les monarques et pour les nations.

Ce grand homme, également cher aux lettres et à la patrie, descendit au tombeau avec la même fermeté d'ame qu'il avait vécu, tournant ses derniers regards sur la France, dont il avait été le bienfaiteur et l'ornement, sur les savants de toute l'Europe, dont il s'était montré le père, et sur ses enfants, qui, plus que jamais, allaient avoir besoin de ses conseils et de son appui. L'aîné de ses fils, cette victime si touchante de l'amitié, donna, par ses malheurs, une nouvelle célébrité à son nom : il périt sous la hache du crime; mais sa mort généreuse n'a flétri que ses bourreaux.

Famille illustre! hommes de bien! il n'est plus

resté sur la terre un seul de vos enfants pour recueillir le respect et l'amour que nous gardons à votre mémoire; mais vos vertus, dont le souvenir est immortel, serviront d'exemple à la postérité, et feront éternellement la gloire de votre patrie!

FIN.

www.ingramcontent.com/pod-product-compliance
Lightning Source LLC
Chambersburg PA
CBHW060742280326
41934CB00010B/2317